AF497920

MÉMOIRE

SUR UNE QUESTION

DE

GÉOGRAPHIE-PRATIQUE,

Si l'applatiſſement de la terre peut être rendu ſenſible ſur les Cartes, & ſi les Géographes peuvent la négliger, ſans être taxés d'inéxactitude ?

Lu à l'Académie Royale des Sciences en Juillet 1775.

Par M. Robert de Vaugondy *, Géographe ordinaire du Roi, du feu Roi de Pologne, Duc de Lorraine & de Bar ; de la Société Royale des Sciences & Belles-Lettres de Nancy, & Cenſeur Royal.*

Utilitas, juſti propè mater & æqui.
Horat. Lib. 1. Sat. 1.

A PARIS,

Chez {
l'Auteur, Quai de l'Horloge, près le Pont-Neuf.
Antoine Boudet, Imprimeur du Roi, rue Saint-Jacques.

M. DCC. LXXV.
Avec Approbation, & Privilége du Roi.

AVERTISSEMENT.

IL exifte deux ouvrages, l'un intitulé : *Differ-tation fur différens points de géographie* ; & l'au-tre : *Eclairciffemens hiftoriques fur un fait littéraire*, que je n'ai point lus. Je ne les connois avoir pour auteur *M. Rizzi-Zannoni*, que par une *Réfuta-tion* publiée par *M. Bonne, maître de Mathéma-tiques, ingénieur-géographe*, & imprimée, fuivant le titre, à *PADOUE, chez M. RIXA, à l'enveloppe cylindrique, 1775.* Ces ouvrages, ou plutôt leur réfutation, abftraction faite des farcafmes que leurs auteurs fe font permis réciproquement, m'ont ex-cité à étudier & à éclaircir avec attention la ma-tière qui s'y trouve traitée. Je n'ai donc l'avantage de connoître ces auteurs que par leurs productions, & fans elles je n'euffe jamais penfé à éxaminer & à difcuter la queftion qui fait l'objet du mémoire que je publie fous l'approbation de l'Académie Royale des Sciences.

Entre différens ouvrages géographiques de M. Bonne, on doit remarquer fur-tout la *carte de la mer Méditerranée* ; celle *du théâtre de la guerre entre les Ruffes, les Polonois, & les Turcs* ; & la *Ruffie*, en deux petites feuilles. La première, dont il eft queftion dans ce mémoire, ne préfente aucune nouveauté, fi ce n'eft qu'elle eft la première fur la-quelle l'auteur prétend avoir fait fentir l'applatiffement de la terre. Elle paroît avoir été faite avec un très-grand soin pour le giffement & la configuration des côtes ; & l'on croiroit, si elle n'étoit postérieure à la carte d'*Europe* en six feuilles de M. d'Anville, qu'il auroit communiqué ses matériaux & ses conjectures à ce savant géographe , par la ressemblance qui se trouve, pour cette partie, entre ces deux ouvrages par rapport à la détermination des lieux en longitude & en latitude.

Quant à celle du *Théâtre de la guerre entre les Ruffes, les Polonois & les Turcs*, projettée, c'est-à-dire, construite par ce même auteur, l'on y remarque des différences considérables pour ce qui concerne sur-tout les longitudes depuis *Vienne* en Autriche jusqu'à *Cazan* en Russie, & ces différences influent aussi dans sa carte *de Ruffie*. L'on y voit *Vienne* à 33ᵈ. 15′. de longitude, au lieu de 34ᵈ. 2′ ; *Constantinople* à 48ᵈ. 6′, au lieu de 46ᵈ. 36′ ; *Asof* à 62ᵈ. 30′, au lieu de 59ᵈ. 20′. La *mer Noire* s'y trouve avoir près de 5ᵈ. de plus d'étendue en longitude ; ce qui, sous le 43ᵉ. parallèle, donne environ 90 lieues de plus qu'on ne croyoit devoir lui assigner. Jusqu'à présent le 70ᵉ. méridien coupoit la *mer Caspienne* du nord au sud ; mais sur la *Ruffie* de M. Bonne, (que M. Delalande cite par préférence à celles qui avoient été publiées antérieurement, & dans laquelle l'auteur s'écarte encore plus que les autres des longitudes de *Gurjew* & *Orenburg*, indiquées dans le mémoire du *passage de Vénus sur le soleil*, 1762. pag. 18 ;)sur cette carte, dis-je, c'eſt le 75ᵉ. méridien qui coupe cette mer. Enfin ſur ſon grand globe d'un pied, & ſur ſes cartes de l'Hiſtoire politique des Indes, cette mer, qui paroiſſoit avoir reçu un giſſement conſtaté par la carte de Pierre I, & conſervé dans celle que M. d'Anville a publiée en 1754, ſe trouve avoir une ſituation oblique du nord-oueſt au ſud-eſt, & moyenne entre celles de Ptolemée & de Pierre le Grand.

Ces nouveautés méritoient bien d'être diſcutées par un mémoire qui auroit contribué à l'hiſtoire des connoiſſances géographiques. Elles ont dû faire ſenſation ſur quelques eſprits dans le public, ſur-tout lorſqu'un auteur avance que des géographes, *non prévenus & munis de connoiſſances mathé-matiques ſuffiſantes, recevront unanimement l'applatiſſement de la terre*, (pour le faire ſentir dans la conſtruction des cartes.) Qui ne croiroit en effet qu'il eſt le ſeul, depuis que l'on a reconnu la ſphéroïdité applatie du globe, qui ait été doué des connoiſſances qu'il éxige avec juſtice dans ceux qui courent la même carrière ? Le temps qui s'eſt écoulé depuis que cette *Réfutation* de M. Bonne a été publiée, ſans en avoir eſſuyé aucune, ne paroîtroit-il pas donner gain de cauſe à ſon auteur ? Mais il eſt toujours temps, & même c'eſt un devoir que l'on doit s'impoſer, de combattre, avec toute la décence convénable, des aſſertions fondées ſur des hypothèſes, & dont il ne réſulte autre choſe que l'impoſſibilité de pouvoir éxécuter ce

qu'elles renferment; c'eſt ce que je crois avoir démontré avec la plus grande évidence.

Archimède connoiſſoit juſqu'à quel point l'on
peut augmenter la force par le ſecours de la mé-
canique; auſſi je l'admire dans ſa demande; il ne
lui faut qu'un point-d'appui hors de la terre, & il
changera de place ce globe, quelqu'immenſe qu'il
nous paroiſſe. Qu'on me donne, dirois-je auſſi,
des organes qui puiſſent me mettre en état de vous
faire ſentir dans une carte, de telle grandeur que
ſoit ſon échelle, une différence d'un *ſept cens ſoi-*
xante & huitième ſur une lieue en plus ou en moins,
c'eſt-à-dire, d'ajouter à un pouce ou d'en ſouſtraire
la *ſoixante & quatrième partie* d'une ligne; & pour-
lors, *muni des connoiſſances mathématiques ſuffiſan-*
tes, je me ferois un crime de ne pas profiter des
avantages que j'aurois obtenus. Mais vœux inutiles!
L'eſprit connoît l'exiſtence & la dimenſion d'une
quantité infiniment petite; il conçoit que le diamé-
tre d'un grain de ſable d'une ligne en plus ou en
moins ſur la hauteur d'une montagne de *trois cens*
toiſes, augmente ou diminue cette hauteur de la
deux cens cinquante-neuf mille deux-centième partie;
ſon eſſence eſt de tout pénétrer, de tout meſurer;
mais la main ſe trouve arrêtée par des obſtacles
qu'elle ne peut ſurmonter, faute de moyens de réa-
liſer palpablement ce que l'eſprit a combiné. Il faut
donc s'en tenir à cette maxime d'Horace:

Eſt quodam prodire tenùs, ſi non datur ultrà.
Lib. 1. *Epiſt.* 1.

EXTRAIT des Regiſtres de l'Académie Royale des Sciences.

Du 23 Août 1775.

NOus avons éxaminé, par ordre de l'Académie, un mémoire de M. de Vaugondy, ſur la queſtion, *ſi l'applatiſſement de la terre peut être rendu ſenſible ſur les cartes, & ſi les géographes peuvent le négliger ſans être taxés d'inexactitude.* M. de Vaugondy obſerve, 1°. que la quantité de cet applatiſſement n'eſt pas éxactement connue. Les différens degrés meſurés du méridien donnent des quantités qui différent entr'elles, & qui différent de celle qui eſt déduite de la théorie, la terre ſuppoſée homogène. Cette incertitude ſur l'élément même en rend l'emploi plus difficile.

2°. Il obſerve que, quand on veut tracer ſur une carte les différens degrés du méridien, on ſait ſeulement que ces degrés croiſſent en allant de l'équateur au pole ; mais la loi n'en eſt pas ſuffiſamment fixée. M. Bouguer en a ſuppoſé pluſieurs, & les différences de ces hypothéſes ſont une nouvelle ſource d'incertitude.

3°. Il obſerve que la petiteſſe de cet élément rend ſes effets inſenſibles ſur les cartes, à moins qu'on ne les faſſe ſur un très-grand point. Il choiſit, pour éxemple, une carte qu'il ſuppoſe embraſſer 9°. en latitude depuis le 48°. juſqu'au 57°. & 18°. en longitude : en donnant 25 pouces au degré, c'eſt-à-dire, un pouce à la lieue , cette carte aura 18 pieds 9 pouces de haut & 15 pieds 6 pouces de large. La différence des deux hypothéſes de la terre ſphérique ou ſpéroïde accourci donne 3 lignes ½ ſur la latitude, & 2 pouces ſur la longitude, ou 2 lieues ſur 303, c'eſt à-dire, un $\frac{1}{151}$ d'erreur. Cette erreur eſt moindre dans les poſitions intermédiaires de la carte, mais en ne prenant ici que les poſitions extrêmes l'erreur qui en réſulte eſt de 40″. ſur la latitude, & de 30″. en temps ſur la longitude, cette erreur n'excéde pas celle que les obſervations comportent. Si l'on excepte quelques villes de l'Europe, telles que *Paris, Londres,* où il y a des obſervations conſtantes, & des obſervatoires fixes, le plus grand nombre des autres poſitions eſt aſſujetti à une pareille erreur.

Il ne paroît donc pas bien nécessaire d'employer un élément dont la quantité n'est pas entiérement fixée, & dont les effets ne surpassent point l'erreur des observations, sur-tout si l'on considère que dans des cartes d'un plus petit point, ces effets de l'applatissement de la terre ne seront pas sensibles au compas.

Telles sont les réfléxions par lesquelles M. de Vaugondy, jaloux des suffrages du public, & sur-tout de la perfection des cartes géographiques, se justifie de ne pas employer cet élément. Nous ne pouvons cependant blâmer les géographes qui se proposeront de l'employer. On ne peut exclure une précision rigoureuse à laquelle l'Académie tend sans cesse par ses travaux ; mais comme dans le cas présent cette précision est plus métaphysique que pratique, comme elle peut être détruite par l'erreur inévitable des observations, nous pensons qu'en applaudissant aux efforts des géographes qui tenteront de tenir compte de l'applatissement de la terre, l'Académie peut continuer à regarder comme bonnes ses cartes où cet applatissement est négligé, & nous croyons qu'elle peut accorder son suffrage & son approbation aux réfléxions de M. de Vaugondy. *Signés* DELALANDE, BAILLY, D'ANVILLE.

Je certifie l'extrait ci-dessus conforme à son original & au jugement de l'Académie. A Paris, le 2 Septembre 1775.

GRANDJEAN DE FOUCHY,

Secrétaire perpétuel de l'Académie Royale des Sciences.

MEMOIRE

MÉMOIRE

SUR UNE QUESTION

DE

GÉOGRAPHIE-PRATIQUE.

LA différence qui se trouve entre la sphéricité & la sphéroïdité applatie de notre globe peut-elle se faire sentir dans la construction des cartes; & pourroit-on taxer de négligence ou de prévention un Géographe qui suppose la terre sphérique, & les degrés des méridiens égaux entre eux & à ceux de l'équateur?

1. Cette question m'a paru d'autant plus intéressante à discuter, que par état je ne dois rien négliger lorsqu'il s'agit de moyens qui peuvent contribuer aux progrès de la géographie. De plus, je me suis trouvé souvent

A

expofé à me l'entendre faire, fur-tout depuis qu'il a paru,
en 1765, un écrit *, dans lequel, fans vouloir blâmer
les géographes de nos jours , l'auteur préfume que

Page 28. ceux qui leur fuccéderont , *non prévenus & munis de con-
noiffances mathématiques fuffifantes , recevront unanimement
l'applatiffement de la terre. Cet écrit eft la réfutation d'un
ouvrage géographique , dans lequel on traitoit des projections des cartes , fuivant l'applatiffement de la terre.
La lecture de cet écrit fait voir que fon auteur, qui
ne faifoit point fa principale occupation de la géographie , eft un favant géometre , capable par fes calculs d'atteindre à la plus grande perfection poffible.
Mais ne feroit-il pas à craindre que la théorie de ces
calculs ne fût indocile dans la pratique , & que la main
ne refufât d'exécuter ce que la profondeur du génie a

Pag. 5. pu faire découvrir ? *L'applatiffement , dit-il , n'eft pas*
confidérable , mais il éxifte ; fon influence fur les cartes eft
fenfible , j'y ai eu égard dans les miennes ; l'accueil que
le public leur a fait , femble prouver qu'il en a été content.
Il s'agit donc de faire voir que , quoique cet *applatiffe-*
ment éxifte , l'on ne peut démontrer que l'on y *a eu*
égard , & qu'en vain voudroit-on s'appuyer fur *l'accueil*
du public , qui ne doit naturellement que s'en rapporter
aux promeffes d'un auteur.

2. Je m'empreffe avec d'autant plus de confiance de
foumettre au jugement de la Compagnie les réflexions
qui fe déduifent de la queftion difcutée dans ce mémoire , que je reconnois avec tous les favans de l'Europe l'utilité qu'on doit retirer de la découverte de la
figure de notre globe , pour obtenir une plus grande
éxactitude dans les obfervations aftronomiques ; qu'on
ne peut fe difpenfer de l'admettre dans les calculs avec

---

* De M. Bonne , maître de Mathématiques.

les autres élémens, tels que les perturbations des planètes, leurs attractions réciproques, l'aberration des
étoiles, &c. Ce feroit en effet fe refufer à l'évidence,
fi l'on prétendoit que, du peu de différence qui fe
trouve entre les deux axes de notre fphéroïde applati,
de telle petite confidération qu'elle puiffe paroître dans
la géographie, elle ne dût pas influer fur le calcul
aftronomique, puifque le diamètre de la terre fert de
mefure pour déterminer fes diftances au foleil & aux
planètes, & que ce diamètre n'étant point une grandeur conftante, il doit en réfulter des différences dans
les calculs. L'Univers favant reconnoîtra toujours la
gloire que l'Académie a eue de vérifier & de conftater
dans les voyages au cercle polaire & fous l'équateur,
comme dans la mefure géométrique de la France, ce
que d'habiles géomètres & phyficiens, tant de cette
Académie que des pays étrangers avoient prévu par
leurs profondes méditations. Mais qui pourroit s'ima-
giner que cette gloire fût fufceptible de quelque ac-
croiffement *par le defir ardent* que l'auteur de l'écrit
auroit *de voir cette gloire qu'elle a fi bien méritée, paffer
jufques dans la géographie avec le fruit de fes travaux ?*   Pag. 28.

3. Pour procéder avec ordre, je ferai voir que, par
les hypothèfes établies touchant le rapport de l'axe de
la terre avec le diamètre de l'équateur, les différences
qu'on trouve entre les degrés du méridien, quoique
réelles, deviennent, pour ainfi dire, métaphyfiques
dans l'emploi qu'on voudroit en faire pour la conftruction des cartes ; que les calculs pour les projections du
fphéroïde, fondés fur des formules très-géométriques,
font en pure perte, & que par conféquent les favans
géographes qui nous ont précédés, n'ont pas moins mé-
rité du public par leurs ouvrages, avant qu'il fût queftion de la figure de la terre, comme ceux qui leur fuc-
cédent ou qui fe fuccéderont ne feront pas plus répré-
A ij

henfibles , fi , en reconnoiffant toutefois que la terre eft un fphéroïde applati , ils travaillent comme fi elle étoit fphérique. L'on ne peut contefter la fphéroïdité du globe ; *mais nous fommes indécis non-feulement, dit M. Bouguer, Mém.* 1751 *, pag.* 70 *, fur le rapport exaƈ des deux axes de la terre , nous difputons fur la nature ou fur le genre des lignes courbes qu'imitent les méridiens ; il n'eft point du tout démontré que ces courbes foient elliptiques.*

4. Mais , fuppofons que le rapport exaƈ des deux axes de la terre foit connu , il ne faut pas moins partir d'un principe certain que l'on peut regarder comme un axiome , favoir , qu'il y a autant de diftance entre la théorie & la pratique , qu'entre l'efprit & la main ; l'un conçoit ce que l'autre qu'il dirige ne peut éxécuter ; celui-ci franchit les efpaces , celle-là fe trouve retenue dans les bornes de la matière. Il eft facile de déterminer par le calcul l'épaiffeur d'une feuille d'or faite avec une once , & qui couvriroit une furface de 146 pieds quarrés ; mais comment pouvoir s'en convaincre mécaniquement ? Quel artifte affez induftrieux pour conftruire un inftrument propre à déterminer cette épaiffeur , & en combien de parties faudroit-il divifer & fubdivifer la douzième partie d'une ligne pour la mefurer , puifqu'il y a telle feuille d'or battu qui n'a pas $\frac{1}{10000}$ de ligne d'épaiffeur. L'on calcule, & l'on trace la courbe que doivent avoir les dents d'une roue de montre , comment l'horloger le plus habile pourra-t-il démontrer qu'il a fu réduire dans un efpace de $\frac{1}{7}$ ou $\frac{1}{5}$ de ligne cette courbe felon tous fes élémens ?

5. La nature du cercle eft d'avoir tous fes diamètres , & par conféquent fes rayons égaux ; & dans l'ellipfe , qui peut être confidérée comme un cercle allongé , les diamètres ne font égaux que deux à deux ; l'on y diftingue deux axes inégaux , & elle fera d'autant moins différente du cercle , que la différence entre la longueur de

ſes deux axes ſera plus petite. L'uniformité dans le cercle, l'égalité de ſes degrés, les rapports conſtans entre les cordes & le diamètre, tous les rapports de ces élémens ſe trouvent dérangés dans l'ellipſe. Il les faut calculer dans celle-ci, au lieu qu'ils ſe préſentent naturellement dans le cercle.

6. Notre globe étant ſuppoſé ſphérique, il faut que les degrés du méridien ſoient égaux entre eux & aux degrés de l'équateur. Mais la phyſique nous apprend que tout corps, qui a un mouvement de rotation ſur ſon axe, eſt ſujet aux influences de la force centrifuge, & que les parties ſituées vers l'équateur ſont ſollicitées à s'éloigner du centre, plus que celles qui ſont vers les extrêmités de l'axe, ce qui rend ce corps applati vers les poles ou plus relevé ſur l'équateur ; mais quand connoîtra-t-on décidément le rapport de l'axe du globe au diamètre de l'équateur ? Huyghens le faiſoit le 577 à 578, & Newton de 229 à 230. Les meſures du degré du méridien priſes ſous le cercle polaire & ſous l'équateur, & les opérations pour dreſſer la carte de la France, ont fait remarquer que les eſpaces terreſtres, qui répondent en latitude à des degrés égaux dans le ciel, ne ſont point égaux entre eux. Delà cette différence que l'on a reconnue dans les degrés de latitude qui vont en croiſſant depuis l'équateur juſqu'au pole. Il faut convenir cependant que les opérations, faites à même latitude dans différens pays, ont donné des réſultats différens. Le degré meſuré en Hongrie ſous le 45ᵉ. degré 57', par le P. Lieſganig, a été trouvé de 56881 toiſes, tandis qu'en France il eſt de 57044 ; ce qui donne une différence de 163 toiſes, qui équivaut à 10 ſecondes & environ $\frac{3}{11}$ d'un grand cercle. Au reſte, ce ne ſeroit qu'environ le 350ᵉ. d'un degré, comme de la lieue ; de ſorte que ſi l'on ſuppoſoit la lieue d'un pouce, il en réſulteroit $\frac{1}{19}$ de ligne, de même que $\frac{1}{3}$ de ligne ſur la longueur du degré de 20 pouces.

7. L'on a formé quatre hypothèses touchant la valeur des degrés du méridien, savoir, que les excès de ces degrés les uns sur les autres sont entre eux, 1°. comme les quarrés, 2°. comme les cubes, 3°. comme la puissance 3 & demie, & 4°. enfin comme la puissance 4e. des sinus des latitudes. Il résulte des tables, calculées d'après chacune de ces hypothèses, qu'en supposant 56753 toises pour le premier degré du méridien, 1°. la somme des excès des 90 degrés les uns sur les autres est de 798 toises dans la première hypothèse; de 871 dans la seconde; de 910 dans la troisième, & de 951 dans la quatrième.

2°. Que le diamètre de l'équateur est à l'axe du globe dans le rapport de 215 à 214; de 194 à 193; de 187 à 186; & de 181 à 180.

3°. Que l'excès du premier sur le second en toises est de 30464, de 33805, de 35179 & de 36325, ce qui en lieues peut s'évaluer depuis 13 jusqu'à 15 lieues, en supposant 57060 toises pour 25 lieues.

Ces mêmes tables * nous font voir que la plus grande différence d'un degré du méridien au suivant, se trouve de 14 toises depuis le 39e. jusqu'au 54e. degré dans l'hypothèse des quarrés; de 17 à 18 depuis le 46e. jusqu'au 62e. dans l'hypothèse des cubes; de 19 à 20 depuis le 51e. jusqu'au 64e. dans l'hypothèse de la puissance $3\frac{1}{2}$; & enfin de 21 à 23 toises dans l'hypothèse de la puissance quatrième depuis le 54e. jusqu'au 63e. degré. Qu'est-ce que 23 toises (car il faut toujours prendre le plus fort excès) ou $\frac{1}{1492}$ sur un degré de 57321 toises dans le sphéroïde plus grand de $\frac{1}{210}$ de lieue de 2853 toises, que dans le globe sphérique; ce qui fait aussi $\frac{1}{2492}$ par lieue. De

---

* J'ai suivi les tables qui sont dans le Manuel de Trigonométrie-pratique de l'Abbé de la Grive, cité dans l'Astronomie de M. de Lalande.

même que dans le plus grand excès du premier degré du méridien au 90ᵉ, 951 toises répondent à un tiers de lieue de 2853 toises, & par conséquent à $\frac{1}{175}$ de lieue par degré.

Je ne puis me dispenser d'ajouter à ces quatre hypothèses celle de l'auteur de l'écrit, d'après les données qui s'y trouvent, pag. 5, où il indique que *la puissance 2, 55 de ces sinus* (de latitude) *étoit celle qui altéroit le moins les mesures*, & d'après la valeur de la minute de l'équateur, qu'il fait (pag. 3, de son Analyse de la Méditerranée,) de 952 toises $\frac{1}{4}$; d'où j'ai conclu le degré de ce cercle de 57135 toises, plus grand que celui de la sphéricité de 75 toises, & plus petit de 150 toises que celui dans l'hypothèse quarrée ; de 131 toises dans l'hypothèse cubique; de 127 dans l'hypothèse de la puissance 3 $\frac{1}{2}$; & enfin de 125 dans celle de la puissance 4ᵉ. J'ai trouvé aussi pour le degré du 30ᵉ. parallèle 150 toises de moins que selon la puissance 3 $\frac{1}{2}$, de même que celui du 45ᵉ. de 149 toises, & la différence entre le degré de ces deux parallèles la même, à une toise près. Suivant la valeur de 44′ de l'équateur qu'il donne au degré du 43ᵉ. parallèle, il en résulte pour le degré du parallèle à 43ᵈ. 30′. 41501 toises, quoique selon M. Cassini ce degré soit déterminé de 41618 toises, ce qui fait une différence de 117 toises en moins.

8. Mais sans parler davantage de toutes ces hypothèses, je m'en tiendrai à celle de la puissance 3 $\frac{1}{2}$ que l'on fait être la même chose que la racine quarrée de la 7ᵉ. puissance, & dans laquelle l'axe de la terre est au diamètre de l'équateur comme 186 à 187. Les sept premiers degrés sont chacun de 56753 toises, & croissent jusqu'à donner 57663 toises pour le 90ᵉ. degré.

Je fais la somme de ces 90 nombres, & je trouve 5,140,220 toises. Le produit de 57060 toises (pour la valeur du degré, en supposant la terre sphérique,) par

90 , donne 5,135,400. La différence de ces deux sommes est 4820 toises, qui, réduites en lieues de 20 pour 57060 toises, donnent une lieue $\frac{4934}{5706}$ ou à peu près $\frac{1}{3}$; d'où il suit que la circonférence elliptique de la terre par ses poles, est d'environ six lieues deux tiers plus grande que la circonférence circulaire , ce qui donneroit $\frac{1}{1580}$ de différence par lieue, laquelle lieue supposée d'un pouce ou de 144 douzièmes de ligne, il en résulteroit environ $\frac{1}{25}$ d'un point ou $\frac{1}{50}$ d'une ligne; ou $\frac{1}{15}$ de ligne, si l'on supposoit la lieue de douze pouces, & les degrés respectivement égaux dans les deux hypothèses.

9. Il ne sera pas moins intéressant de connoître aussi les rapports qui se trouvent entre les degrés de plusieurs parallèles dans la même hypothèse , & ceux des mêmes parallèles dans la sphéricité ; mais il faut être prévenu que la valeur de ces degrés n'est qu'hypotétique & ne se déduit que de la nature du sphéroïde, & non de mesures prises sur le terrein; de sorte que dans le sphéroïde allongé le degré d'un parallèle quelconque doit être plus petit que dans la sphéricité , de même qu'il doit être plus long dans le sphéroïde applati. Il auroit été très-important de mesurer , comme l'on a fait pour le méridien , quelques degrés de l'équateur & de plusieurs parallèles, pour pouvoir constater avec plus de précision la quantite réelle que ces degrès doivent avoir.

Je commence par la différence du degré de l'équateur qui est de 202 toises, lesquelles donnent environ $\frac{1}{14}$ de lieue d'excès du degré du sphéroïde sur celui dans le sphérique ; ou 25 lieues de 20 au degré & à peu près $\frac{1}{7}$ d'une circonférence à l'autre ; ou de $\frac{1}{280}$ par lieue sur un degré ; ou de $\frac{1}{23}$ de ligne, en supposant le degré de 20 pouces , & la lieue d'un pouce. Le degré du 20ᵉ. parallèle vaut 53839 toises dans le sphé

roïde,

roïde & 53619 dans le sphérique ; la différence de 220 toises équivaut à $\frac{1}{13}$ de lieue & à la 245°. partie du degré ou à 14 secondes 42‴ sur ce parallèle, ce qui fait aussi $\frac{1}{245}$ par lieue, ou environ $\frac{1}{10}$ de ligne, en supposant la lieue de 144 douzièmes de ligne. Le degré du 60°. parallèle vaut 28772 toises dans le sphéroïde, & 28530 dans le sphérique ; la différence de 242 toises répond à près de $\frac{1}{12}$ de lieue, à 30 secondes, ou à $\frac{1}{117}$ du degré de ce parallèle ou $\frac{1}{9}$ de ligne par lieue.

Prenons encore le 43°. degré 32′ de latitude, dont le degré du parallèle a été trouvé de 41618 toises par M. Cassini de Thury, & qui dans la sphéricité est de 41390. Le premier vaut 14 lieues $\frac{7}{12}$, le second 14 $\frac{6}{12}$; la différence s'évalue à environ $\frac{1}{12}$ de lieue, ce qui fait $\frac{1}{181}$ de ce degré, ou 19″. 46‴. correspondantes à 1″. 18″. horaires, ou $\frac{1}{11}$ de ligne par lieue, en supposant la lieue d'un pouce. Il ne faut pas moins qu'un pareil point d'échelle pour faire sentir une si petite quantité, qui se réduiroit à $\frac{1}{300}$ de ligne, si le degré étoit d'un pouce.

Si l'on veut encore se convaincre plus naturellement de la différence du degré du 20°. parallèle ci-dessus dans les deux hypothèses, l'on peut supposer pour les mêmes nombres de toises des douzièmes de ligne ; il résultera pour le premier 31 pieds 1 p. 10 lig. $\frac{7}{12}$, & pour le second 31 pieds 0 p. 4 lig. $\frac{3}{12}$, dont la différence sera 1 p. 6 lig. $\frac{4}{12}$, & par conséquent environ $\frac{1}{8}$ de ligne par lieue : de même qu'en prenant des élémens douze fois plus petits pour un degré, cette différence se réduiroit à $\frac{1}{9}$ de ligne par lieue ou à $\frac{1}{228}$ de ligne par lieue ; fraction encore douze fois plus petite, & qui seroit pour un degré de 2 pouces 7 lignes, lequel se trouveroit avoir $\frac{1}{11}$ de ligne de plus que dans la sphéricité ; comme $\frac{1}{19}$ de ligne, si le degré étoit d'un pouce. C'est ainsi qu'en réduisant ces quantités à des mesures plus analogues, quand on veut apprécier les difficultés, l'on diminue l'impreſſion que ces mêmes quantités, repréſentées ſous des élémens très-petits, & exprimées par de très-grands nombres, ont coutume de faire d'abord ſur l'imagination.

10. Mais pour rendre ce que je viens de déduire ci-deſſus encore plus ſenſible aux perſonnes qui, n'ayant qu'une petite teinture de géométrie, ſe laiſſent aiſément ſaiſir par le merveilleux, ſuppoſons que l'on veuille conſtruire le chaſſis d'une carte compriſe entre le 48ᵉ. & le 57ᵉ. degré de latitude, & dont le degré ait 25 pouces de longueur pour avoir un pouce par lieue commune de 2282 ½ toiſes, & de 25 au degré dans l'hypothèſe ſphérique ; cela formeroit une carte de 18 pieds 9 pouces de haut, & de plus de 478 pieds quarrés en ſuperficie, ſa largeur étant de 26 pieds 6 pouces. Je tracerois dans le milieu une ligne verticale, que je diviſerois en neuf parties égales, ſi je ſuppoſois la terre ſphérique ; mais comme il faut plus de préciſion, puiſqu'*une erreur, de telle petite quantité qu'elle fût, peut avoir*, dit-on, *des conſéquences fâcheuſes, enſorte qu'il n'eſt point de raiſons ſolides qui puiſſent autoriſer à la négliger*, je ſuivrois la table

Pag. 29.

	Douzièmes de ligne.		Différences.	
de 48				
à 49	3600			
50	3601	⅛	1	⅛
51	3602		1	⅜
52	3603		1	1/40
53	3604		1	
54	3605		1	
55	3607	19	1	64
56	3608		1	95
57	3609		1	
	32442			

ci-jointe des degrés de latitudes, suivant l'hypothèse de la puissance 3 & demi des sinus de latitudes, en réduisant les 25 pouces du degré à la plus petite espèce, savoir, en 3600 douzièmes de ligne, dont chacune répond à une seconde, & 144 font une lieue. Prenant donc ces 3600 parties pour l'espace du 48e. au 49e. degré de latitude, je calculerois les quantités proportionnelles qu'il faut assigner aux autres degrés, telles qu'elles se trouvent dans la table ci-jointe.

Je fais la somme de ces neuf degrés, qui est de 32442 douzièmes de ligne, que je compare à celle de 32400 suivant la sphéricité, & la différence sur 18 pieds 9 p. est de 42 douzièmes de ligne, ou 3 lignes $\frac{1}{2}$. Or je laisse à decider si cette différence, distribuée sur 9 degrés, qui donne $\frac{7}{18}$ de ligne, & $\frac{1}{64}$ de ligne par lieue, ce qui fait $\frac{1}{768}$ de lieue ; si, dis-je, cette différence seroit assez importante pour influer sur les distances dans la hauteur de cette carte, selon les deux hypothèses. Je sais que cette évaluation n'est juste, qu'autant que l'on supposeroit égalité de degrés dans le sphéroïde comme dans le sphérique, & que l'on doit comparer degré à degré ; c'est pourquoi la différence du 53e. degré, qui est 4 $\frac{1}{7}$, donne $\frac{1}{783}$ de plus dans le degré du sphéroïde ; de même que la différence du 57e. est 9 $\frac{2}{3}$, & donne $\frac{1}{384}$. Qu'est-ce que $\frac{1}{783}$ & $\frac{1}{384}$ par lieue, laquelle de $\frac{144}{12}$ donne pour celle du premier $\frac{1}{65}$ de ligne, & $\frac{1}{32}$ de ligne pour celle du second ? En vain donc l'auteur de l'écrit cité prétendra-t-il *qu'en suppofant 20 lieues marines dans chaque degré de l'équateur, n'y en eût-il qu'une à soustraire dans les six premiers degrés de latitude, on doit la retrancher, & ne point dilater cet arc du méridien* ; puisque soustraire une lieue de ces 6 premiers degrés, qui valent 120 lieues, ce n'est que $\frac{1}{120}$; mais il ne s'agit que de $\frac{1}{3}$ de lieue sur 9 degrés ou 180 lieues, ce qui fait $\frac{1}{540}$.

A ce méridien du milieu, je tirerois par ces 9 divi-

Pag. 19.

B ij

sions des perpendiculaires, que je supposerois être les développemens des parallèles du sphéroïde, & sur lesquelles je distribuerois, en partant de ce milieu à droite & à gauche, les parties proportionnelles aux degrés de longitude. D'abord le calcul me présenteroit pour le degré du 48e. parallèle, 2425 parties, au lieu de 2409, suivant la sphéricité, ce qui fait une différence de 16 douzièmes de ligne, ou $\frac{1}{9}$ de lieue, qui, distribué à 16 lieues $\frac{1}{12}$, valeur de ce degré, donne environ $\frac{1}{141}$ de lieue à ajouter dans la sphéricité, ou 24 secondes par degré.

11. Supposons encore que j'eusse voulu décrire ces parallèles, non en lignes droites, mais en les considérant comme le développement d'un cône tronqué, dont la base inférieure fût le 48. parallèle, & la base supérieure le 57e.; que le côté de ce cône tronqué fût, non la corde de l'arc du méridien elliptique ou circulaire de 9 degrés de latitude, mais égal à cet arc rectifié, les degrés de ces deux parallèles restant toujours dans le même rapport que ci-dessus, j'aurois trouvé pour le côté du cône entier, (en supposant 32442 douzièmes de ligne pour cet arc rectifié dans le sphéroïde, & 32400 dans le sphérique) 174716 douzièmes de ligne, ou 101 pieds 1 p. 3 lig. $\frac{8}{12}$ pour le premier, & 173540, ou 100 pieds 5 p. 1 lig. $\frac{8}{12}$ pour le second, plus court que le précédent de 1176 douzièmes de ligne, ou 8 pouc. 2 lig. Le rapport de ces deux rayons seroit à peu près de 151 à 150, & la différence de l'angle sur la base de ce cône, seroit de 4 minutes, savoir, de 37d. 22'. dans le cône pour le sphéroïde, & de 37d. 18'. dans le cône pour le globe sphérique.

Je conviens que cette différence de 16 douzièmes de ligne, trouvée précédemment dans le Nº. 10. en longitude pour le degré du 48e. parallèle, est beaucoup plus sensible que celle en latitude, & qu'étant répétée 18 fois, à cause des 18 degrés de longitude sur ce 48. parallèle, elle produiroit 288 douzièmes de ligne, ou 2 pouces fur 30; pouces ; ce qui feroit deux lieues à répandre fur plus de 303 lieues d'occident en orient, ou ,⁷₁, c'est-à-dire environ ⁷₁ de ligne à ajouter par lieue, felon l'hypothèfe du fphéroïde. Mais fi 15 toifes 4 pieds 2 p. 9 lig. fur terre répondent à une feconde de degré dans les obfervations de latitude , & qu'on ne puifle pas même *répondre d'une erreur de 4 fecondes* (qui valent 62 toifes 4 pieds 11 pouces) *à chaque extrêmité d'un arc du méridien mefuré fur la terre* * , peut-on à plus forte raifon, ces limites fe reculant *jufqu'à 8 fecondes*, qui valent 125 toifes 3 pieds 10 pouces; peut-on, dis-je, être à l'abri de pareille erreur, & même de plus grande, dans la détermination des degrés de longitude, qui ne peut fe faire que par des obfervations correfpondantes ? La longitude de Cadix n'a-t-elle pas varié depuis 8' 27'. jufqu'à 8ᵈ. 34', ce qui fait 7'. de différence, qui, vers le 36ᵉ. parallèle, valent environ 5325 toifes? *Il faut*, comme le remarque M. de Lalande , *de très-grandes diftances & une très-grande précifion dans la différence des méridiens pour déterminer l'amplitude des arcs parallèles en minutes & en fecondes avec affez d'exactitude.* La différence de 24 fecondes dans le degré du 48. parallèle, trouvée N°. 10, répond à 1″. 36‴. de parties horaires ; ce qui, répété 18 fois pour un arc de 18ᵈ, donneroit 28″. 48‴, ou 7'. 12″. horaires : erreur qui est prefque la même que celle de la longitude de Cadix, citée ci-deffus. La feconde de degré fur ce 48ᵉ. parallèle vaut

Pag. 5.

Analyfe de la mer Méd. p. 2.

* L'Auteur n'ignore pas que , de *l'aveu des plus habiles aftronomes* , on ne peut répondre *d'une obfervation de latitude qu'à 15 ou 20 fecondes* , c'est-à-dire, entre 235 & 314 toifes ; mais il n'auroit pas dû avancer cette affertion, qui ne feroit point favorable à l'emploi de la figure du fphéroïde, puifque, comme on l'a vu N°. 7, la plus grande différence dans les degrés est de 23 toifes, qui ne valent que 1″. & 27 à 28‴; de même que celle des premiers degrés au 48ᵉ, est de 313 toifes, & du 48ᵉ. au degré fous le cercle polaire de 359, lefquelles différences ne paffent point 14 & 15″.

Mém. de l'Acad. des Scienc. 1733, p. 294.

dans l'hypothèfe fphérique 10 toifes 3 pieds 7 pouces 2 lignes $\frac{2}{3}$ *.

12. L'exemple de cette carte de 18 pieds 9 pouces pour 9 degrés de latitude fur 26 pieds 6 pouces en longitude, vaut bien la carte générale de l'Europe de 8 pieds de haut, dont il eſt fait mention dans l'écrit cité au commencement de ce Mémoire, laquelle doit contenir au moins 37 degrés de latitude depuis le 35ᵉ. juſqu'au 72ᵉ. parallèle. L'auteur de cet écrit remarque Pag. 16. qu'au moyen d'une *formule générale qui lui appartient* ,

---

* Je ne ferai point difficulté d'inférer ici une remarque que j'ai faite depuis la lecture de mon Mémoire. La diſtance d'un lieu à un autre fe prend fur le globe par un arc de grand cercle ; or fi ces lieux fe trouvent preſqu'à la même latitude, la différence entre l'arc du parallèle & celui du grand cercle ou de la circonférence elliptique qui paſſe par ces lieux , ne fera pas bien fenfible, fur-tout fi la différence en longitude n'excède pas 5 à 6 degrés. Ainfi je prends la diſtance de Paris à *Guibraie* & *Granville* à l'occident, & à *Selz* en Alface à l'orient, qui diffère très-peu de celle de ces lieux à la méridienne de Paris.

Guibraie eſt à 48ᵈ. 53′ de latitude, & à 2ᵈ. 32′. de longitude ; fa diſtance de Paris eſt de 95142 toiſes, felon les opérations trigonométriques de la carte de France. Le calcul donne 625 toiſes $\frac{71}{78}$ pour 1 minute du parallèle, & 37556 toiſes pour le degré. La fphéricité donne 37523 ; il réfulte une différence en excès de 33 toiſes pour le fphéroïde.

Selz, à même latitude, & dont la longitude orientale eſt de 5ᵈ. 47′, a pour diſtance 217174 toiſes, qui donnnent 625 toiſes $\frac{129}{147}$ pour une minute, & 37551 toiſes pour le degré : la différence en excès fera de 28 toiſes.

Granville eſt à 48ᵈ. 50′. de latitude, & 3ᵈ. 57′. de longitude. Sa diſtance de Paris eſt de 148412 toiſes ; ce qui donne pour 1 minute 626 $\frac{50}{117}$, & 37573 toiſes pour le degré : la différence en excès fur le degré dans la fphéricité eſt de 43 toiſes.

Ajoutons encore la diſtance de *Paris à Vienne*, déterminée par M. Caſſini, (Mém. 1763 , p. 314.) de 531 mille toiſes, *telle précifément*, dit-il , *qu'elle réfulteroit de la fuppofition de la terre fphérique*. Vienne eſt plus méridionale en latitude que Paris de 39′. La différence en longitude eſt 14ᵈ. 2′ ; ce qui procure 37844 toiſes pour le degré du parallèle moyen , lequel, fuivant la fphéroïdité & l'hypothèfe de la puiſſance 3 $\frac{1}{4}$, auroit dû avoir 228 toiſes , ou $\frac{1}{166}$ de plus , & auroit donné pour la diſtance 534179 toiſes.

La différence du degré du parallèle fera donc de $\frac{1}{1118}$, $\frac{1}{1347}$, $\frac{1}{2820}$ & $\frac{1}{168}$ en excès dans le fphéroïde ; ce qui eſt encore bien plus difficile à faire fentir que celle qui réfulte de la valeur de ces degrés, fuivant les différentes hypothèfes, déterminées dans le N°. 9, & prifes d'après la table de la puiſſance 3 $\frac{1}{4}$.

il résulte une différence de 159 lignes ou de plus de 13 pouces entre le *rayon du 70e. parallèle trouvé de 10485 lignes dans le sphéroïde*, ou de 72 pieds 9 p. 9 lig. & *de 10326 lignes* ou de 71 pieds 8 p. 6 lig. dans *l'hypothèse sphérique*. Il faut convenir que c'est un bien grand rayon ; mais l'on n'ignore pas les moyens de trouver les points d'une portion de circonférence de cercle , dont le rayon feroit trop grand pour pouvoir être tracée avec le compas à verge. Il suffit de déterminer trois points , & de se servir d'une règle élastique indiquée dans l'Aftronomie de M. de Lalande, vol. 3. n°. 3885. J'en avois donné la description dans mes Institutions géographiques, publiées en 1766 , pag. 309, en faisant toutefois remarquer que la courbe procurée par cette règle ne pouvoit pas être circulaire , mais plutôt parabolique , ou peut-être feroit-elle la même courbe que la chaînette, qui est celle qu'une corde tendue forme par son propre poids. Quoi qu'il en soit, il ne doit pas y avoir une différence bien confidérable entre cette espèce quelconque de courbe & la circulaire; mais enfin quand on veut apporter en tout une précision, pour ainsi dire, mathématique , l'on ne peut trop faire pour y atteindre ; quoique au reste *l'extrême précision n'a* , comme le dit l'historien de l'Académie, *presque d'autre usage que de contenter l'esprit philosophique.*

13. Appliquons sur cette carte d'Europe de 8 pieds de haut les mêmes opérations que pour le chassis de la carte proposée N°. 10 , & voyons l'effet sensible que pourroit y faire la disposition des degrés du méridien , selon le sphéroïde. Comme l'échelle en est beaucoup plus petite, j'adopte le conseil de l'auteur de l'écrit, *en embrassant à la fois plusieurs degrés*; ainsi je distribue les parallèles de 5 en 5 degrés. Je forme donc mon chassis de huit pieds de haut; j'y trace au milieu une ligne verticale que je divise en sept parties égales , suivant la sphéricité. Suppofant

Pag. 18.

Hist. de l'Acad. des Scienc. 1713, pag. 66.

Pag. 15.

les 8 pieds réduits en douziemes de ligne, le nombre 13825 me donneroit 1975 pour chacune de ces parties égales; mais je calcule les autres espaces pour le sphéroïde, dont on voit les résultats dans la table ci-jointe.

de 35		Différences.
à 40 1970		
45 1972		. . . 3
50 1975		. . . 3
55 1979		. . . 3
60 1982		. . . 3
65 1986		. . . 3
70 1988		. . . 3
13853		

La comparaison de la somme 13853 avec celle de 13825, parties supposées dans la sphéricité égales entre elles, fait voir qu'il n'y a que 28 douzièmes de ligne, ou 2 lig. 4 douzièmes d'excès ou de différence, que j'ajoute à la hauteur de la carte, ce qui fait $\frac{1}{497}$ de plus. Ces 28 douzièmes de ligne, distribués à 35 degrés de latitude donneroient $\frac{1}{15}$ de ligne par degré, si ces degrés étoient égaux; mais il est à observer que pour l'espace de 35 à 40, le degré est plus petit dans le sphéroïde de $\frac{1}{12}$ de ligne, comme de $\frac{1}{10}$ de ligne dans l'espace de 40 à 45; dans celui de 45 à 50 la différence est nulle, & elle va en croissant pour le sphéroïde, dans l'espace de 50 à 55 de $\frac{1}{15}$ de ligne par degré; de 55 à 60 de près de $\frac{1}{7}$; de 60 à 65 de presque $\frac{1}{5}$; & enfin dans celui-ci de 65 à 70 de moins de $\frac{1}{4}$ de ligne; ce qui feroit par lieue de 20 au degré $\frac{1}{300}$ & $\frac{1}{400}$ de ligne en moins pour les espaces de 35 à 40, & de 40 à 45; mais en plus de $\frac{1}{300}$, de $\frac{1}{180}$, & de $\frac{1}{100}$, & de $\frac{1}{80}$ de ligne pour les espaces de 50 à 55, de 55 à 60, & de 60 à 65, & de 65 à 70, ou en prenant les proportionnelles en

moins

moins $\frac{1}{171}$ de ligne , & en plus pour les 4 autres espaces $\frac{1}{113}$ de ligne. Quelle *conséquence fâcheuse* peut donc occasionner une si petite différence , si on la néglige ? Comment l'auteur de l'écrit a-t-il pu être surpris de trouver *deux lignes sur 5 degrés vers le haut de la carte , quantité* Pag. 16.
qui ne seroit pas , dit-il , *insensible avec la fausse équerre d'un maçon ?* J'ai suivi son calcul, (page 18) , & la différence 0,00207 ligne que j'ai trouvée entre 0,53001 , (non 0,530015 , ce qui est une faute sûrement d'impression) , valeur de la minute *n* dans le sphérique , & 0,53208 valeur dans le sphéroïde , cette différence ou $\frac{207}{105035}$ se réduit à $\frac{1}{483}$ de ligne de plus dans le sphéroïde , ce qui , répété 300 fois pour 5 degrés réduits en minutes , donne $\frac{300}{483}$ ou entre $\frac{4}{6}$ & $\frac{4}{7}$ de ligne , au lieu de 2 lignes , ce qui donne près $\frac{1}{8}$ de ligne par degré , & $\frac{1}{160}$ de ligne par lieue. Si l'on compare l'espace du 35e au 40e. degré de 1975 dans le sphérique à celui de 65 à 70 de 1989, l'on trouve presque $\frac{1}{4}$ de ligne par degré sur ce chassis de carte de plus que dans le sphérique ; ce qui donneroit $\frac{1}{80}$ de ligne à ajouter par lieue.

Il faut observer que l'auteur dans sa remarque compare le 35e. degré au 70e. dans le sphéroïde seulement; au lieu que son adversaire , sans parler de la différence des degrés dans les deux hypothèses , dit que celle *dans la courbure des méridiens & des parallèles , & dans la position des lieux placés suivant les deux hypothèses , aux mêmes latitudes & longitudes , s'est trouvée tout-à-fait insensible au compas.* Pour la différence de courbure , j'en parle au nº. 14. Quant à la position des lieux , la différence n'est que de $\frac{1}{142}$ en moins dans l'hypothèse sphérique. Mais l'on sait que la propriété de la projection stéréographique est d'agrandir les objets ou leur distance réciproque à mesure qu'ils s'écartent du centre de la projection , dans le sens de la longitude & de latitude. Or , comme cela arrive dans l'hypothèse de la sphéricité , à plus forte raison dans

C

celle du fphéroïde où les degrés augmentent toujours en allant vers le pole, comme on le voit dans la table (pag. 16.), avec des différences qui font, fans erreur fenfible, de 2 à 4 douziemes de ligne.

Quant aux degrés de longitude fur les parallèles, j'en mets ici les deux tables comparatives de 5 en 5 en douziè-

	Sphéricité.	Sphéroïdité.		Différence.
35$^\text{c}$.	1617	1622	$\frac{1}{2}$	5
40	1513	1516	$\frac{1}{19}$	3
45	1396	1400	$\frac{11}{19}$	4
50	1269	1274	$\frac{4}{19}$	5
55	1132	1137	$\frac{15}{19}$	5
60	987	992	$\frac{7}{19}$	5
65	834	839	$\frac{4}{19}$	5
70	675	679	$\frac{14}{19}$	4

mes de ligne avec leurs différences qui font voir que fur 5 degrés, en prenant la plus forte, telle que pour le 35$^\text{e}$ $\frac{1}{124}$, pour le 50$^\text{e}$ $\frac{1}{150}$, pour le 55$^\text{e}$ $\frac{1}{227}$, pour le 60$^\text{e}$ $\frac{1}{198}$, & pour le 65$^\text{e}$ $\frac{1}{168}$; quand ce calcul, au lieu de n'être fondé que fur une hypothèfe, feroit exactement certain, il n'en réfulteroit pas un défaut de précifion qu'on pût aifément eftimer. Je fuis même perfuadé que deux cartes d'Europe de même grandeur, conftruites fur les deux hypothèfes, la même ouverture de compas ferviroit à mefurer la diftance de deux lieux propofés, fans s'appercevoir de la moindre différence. En effet, puifque ces différences ne pourroient fe trouver dans le fens de la latitude que de $\frac{1}{135}$, & qu'elles doivent être proportionnelles fur la valeur du degré, & même fur la lieue; cette lieue eftimée de $\frac{12}{17}$ de ligne, il faudroit y avoir égard en plus ou en moins de ce $\frac{1}{135}$, ce qui donneroit $\frac{1}{141}$ de ligne.

Il en fera de même dans le fens de la longitude, fi l'on veut fur le 50°. parallèle, dont la différence eft de $\frac{5}{12}$ de ligne, ou le $\frac{1}{17}$ pour 5 degrés en plus dans le fphéroïdité par rapport à la fphéricité. La lieue fuppofée toujours de $\frac{22}{12}$ de ligne, qu'en fera donc la 255°. partie, finon $\frac{1}{17}$ de ligne en plus ou en moins fur la lieue ?

14. Ne pourroit-on pas juger, par ce qu'il vient d'être démontré, du peu d'égard que doit mériter cette différence de 159 lignes, N°. 12, fur la longueur du rayon projetté du 70°. parallèle, au fujet de laquelle l'auteur de l'écrit demande, *fi la diverfité de courbure dans les deux* Pag. 18.
hypothèfes eft tout-à-fait infenfible au compas ? Il s'agit ici de l'expérience. Suppofons les deux arcs tracés avec les deux rayons de 10485 & 10326 lignes, fe touchant en un point, & dont l'excentricité foit de 159 lignes. Sur le rayon commun & au point de contingence, élevons-y une perpendiculaire, fur laquelle nous porterons 375 $\frac{1}{6}$ & 375 ligne $\frac{1}{12}$, valeurs des deux tangentes, dont la différence eft $\frac{1}{12}$ de ligne. A l'extrêmité de chacune de ces tangentes, tirons une ligne parallèle au rayon, & portons-y 7 lignes $\frac{1}{5}$ & 7 lignes pour le finus verfe du petit & du grand arc. Cette différence $\frac{1}{5}$ de ligne indique le plus grand écart poffible entre ces deux arcs. Si l'on traçoit la corde de chaque arc, elles renfermeroient un efpace angulaire pour les différens écarts duquel, en diftribuant la longueur en 25 parties égales, chacune auroit une fraction de la ligne divifée en 75 parties, & dont les numérateurs formeroient une progreffion arithmétique depuis 2 jufqu'à 50 ; ces écarts étant bien petits, le feront pour le moins autant dans la longueur de l'angle curviligne. Deux arcs de 2 pieds 7 pouces 2 lignes d'amplitude fe touchent à une de leurs extrémités, & s'écartent à l'autre de $\frac{1}{5}$ de ligne : où eft donc cette fenfibilité dans la différence de courbure ? Au refte, comme cet auteur exige toujours de la précifion, il

C ij

auroit dû remarquer que dans la projection d'un sphéroïde quelconque, hormis le plan de l'équateur sur lequel les parallèles se projettent en cercles, ils doivent se projetter en ellipses, comme il est démontré dans la note du N°. 21, sur tout autre plan perpendiculaire ou oblique à l'équateur.

15. Il ne sera peut-être pas inutile d'étudier à apprécier l'influence que peut occasionner dans la projection cette différence en excès de 13 pouces ¾, ou 159 lignes du rayon de 10485 lignes, selon le sphéroïde, au rayon de 10326 suivant la sphéricité du globe, puisqu'elle est environ la 66. partie du premier. L'on ne doit pas toujours considérer un nombre seulement pour lui-même, mais par rapport à la grandeur dont il peut dépendre. Rien n'approche plus d'un cercle qu'une ellipse, dont les deux axes seroient de 12001 & de 12000 lignes. Dans le cercle, les deux foyers ne feroient qu'un point; & dans l'ellipse, la distance s'y trouve de 77 lignes ou 6 pouces 5 lignes, quoique la différence entre le plus grand & le plus petit rayon de courbure ne soit que de 3 lignes. Pourquoi donc tant se frapper de *cette diversité de courbure* ? il faut en rechercher l'influence.

J'ai cherché la valeur du degré dans chacune de ces courbes supposées circulaires, tracées par ces deux rayons, & j'ai trouvé que le degré du premier contenoit 183 lig. $\frac{5}{72}$, & celui du second 180 lignes $\frac{50}{72}$; ce qui donne deux lignes $\frac{19}{24}$ de différence. Mais au lieu d'un degré de chacune de ces valeurs, il ne s'agit que d'un espace que nous pouvons estimer de 10 lignes pour un degré projetté du 75°. parallèle ; ainsi supposons qu'il faille distribuer sur ce parallèle 75 degrés de longitude, & que ces degrés soient égaux entre eux, (ce qui n'est pas à cause de la projection) il résultera qu'en supposant 750 lignes pour ce arc décrit par le grand rayon de 10485 lignes, celui que l'on décriroit avec le petit rayon de 10326 lignes, ſeroit de 739 lignes, ce qui ſeroit 11 lignes de différence pour 75 degrés. Cette différence, diſtribuée de 5 en 5 degrés, donneroit $\frac{11}{15}$ de ligne, comme elle donneroit $\frac{11}{75}$ de ligne de degré en degré. Mais ce rayon de courbure, qui dans l'hypothèſe ſphérique eſt une grandeur conſtante pour un parallèle, ne l'eſt point, ou ne doit pas être conſidérée comme telle, dans l'hypothèſe du ſphéroïde, puiſqu'il eſt égal au cube du demi-diamètre conjugué, diviſé par le produit des deux demi-axes; ou que ces rayons ſont entre eux comme les cubes des demi-diamètres conjugués. L'agrandiſſement des degrés de longitude ſur ce parallèle, en partant du méridien du milieu, ne doit pas dans la projection obſerver la même proportion dans l'une & l'autre hypothèſe. Il réſulteroit toujours des différences qui pourroient s'exprimer par nombres, & qui ſeroient des quantités réelles & exiſtantes, mais impalpables. Au reſte, il s'agit de tracer ce parallèle, qui a 72 pieds 9 pouces 9 lignes de rayon dans le ſphéroïde, ou de 13 pouces 3 lignes de moins dans la ſphéricité, & déterminer la corde qui ſoutend cet arc de 75 degrés, de même que les ordonnées correſpondantes, pour joindre leurs extrêmités par le petites lignes qui compoſent cet arc elliptique ou circulaire.

16. Mais à quoi bon d'employer pour des cartes particulieres la projection ſtéréographique ? le géographe ne doit l'admettre que pour les mappe-mondes, qui donnent l'enſemble de toutes les parties de la ſurface de notre globe. Il eſt impoſſible d'y appliquer d'échelles communes, telles qu'on les emploie dans les développemens pareils à celui de la carte de 18 pieds 9 pouc. de haut, N°. 10; car les eſpaces des objets, vus d'un point quelconque, & projettés ſtéréographiquement, ſe dilatent, comme je l'ai fait obſerver N°. 13, à meſure qu'ils s'écartent du rayon viſuel central, qui tombe perpendiculairement ſur le milieu de la ſurface que l'on veut pro-

jetter. Ainsi il doit arriver le même défaut dans la carte de l'Europe, citée N°. 12, dans laquelle les degrés du méridien du milieu, supposés égaux dans la sphéricité, s'agrandissent également au-dessus & au-dessous du parallèle moyen, qui coupe le méridien du milieu au point qui est le zénith de l'horizon ; d'où il s'ensuit que dans le sphéroïde, ces degrés, qui croissent toujours dans le sens de la latitude, ceux qui seront au-dessus de ce parallèle moyen s'agrandiront plus à proportion que ceux qui seront au-dessous.

17. Il est donc évident que le développement d'une portion quelconque de la surface de notre globe est susceptible d'une plus grande précision, comme je l'ai fait voir dans la construction du chassis, N°. 10, puisque les parallèles peuvent être circulaires ou rectilignes, garder entre eux les distances requises selon la sphéricité ou la sphéroïdité du globe, & que l'on peut distribuer dans l'une & l'autre hypothèse sur chacun des parallèles les degrés de longitude suivant leur propre valeur. L'on pourroit même, si l'on portoit l'éxactitude jusqu'à dresser la carte sur le cuivre, calculer le rétrécissement du papier, qui sèche après être sorti de la presse, rétrécissement que l'on a remarqué être de $\frac{1}{71}$ dans sa longueur, pour forcer d'autant dans le sens des longitudes les valeurs proportionnelles que l'on devroit ajouter à celle des degrés. J'ai calculé que ce rétrécissement (s'il n'étoit point variable) sur la feuille de grand aigle, qui a environ 3 pieds de longueur, donne $\frac{1}{8}$ de ligne par pouce. Il ne suffit pas encore d'avoir calculé les rayons des parallèles, il faut de plus déterminer les points par lesquels doivent passer les méridiens pour les traces en courbes ellyptiques.

18. D'après ces observations, faudroit-il donc imputer à nos géographes de l'indifférence pour l'applatissement, *parce qu'ils n'en ont pas tenu aucun compte jusqu'à*

ce jour dans leurs cartes ? Comment peut-on avancer qu'entre *les différentes études du géographe, celle des projections, qui est une des plus faciles pour ceux qui ont les connoissances mathématiques nécessaires, soit la plus négligée, & que c'est-là vraisemblablement une des raisons qui ont jusqu'ici éloigné les géographes d'avoir égard à l'applatissement de la terre ?*

Pag. 27.

Qui sait projetter un corps sphérique, n'hésitera point à projetter un sphéroïde quelconque, si la précision l'éxige. L'on n'a jamais reproché à Guillaume Delisle de n'avoir pas apporté assez d'éxactitude dans ses ouvrages, & d'ignorer les regles des projections, quoiqu'il n'en ait point fait usage dans son hémisphère du monde ancien. Il a divisé l'équateur & le méridien du milieu en parties égales ; les méridiens y sont tracés par des portions de circonférences de cercle qui passent par les deux poles, & par ces divisions de l'équateur, de même que les parallèles passent par les divisions égales du méridien du milieu, & par les degrés correspondans du cercle qui termine cet hémisphère. Le savant géographe, qui remplit actuellement dans cette Académie une place que ses talens & ses lumières lui avoient méritée depuis long-temps, aura sans doute trop bien connu le prix du temps pour avoir voulu employer le calcul qu'auroit éxigé le système qu'il a adopté de la terre allongée par ses poles ; *système selon lequel il ne s'agit pas moins, dit son auteur, que d'ôter trois cens lieues marines, & peut-être plus à la circonférence de la terre sur l'équateur, ce qui n'est point indiqué autrement que par la géographie & par la mesure positive des espaces de longitude sur différens parallèles.* Ce sphéroïde allongé se trouve exprimé sur sa mappemonde en deux hémisphères publiés en 1761, sous le rapport du diamêtre de l'équateur à l'axe de la terre, autant que j'en ai pu juger, de 264 à 270, ou de 44 à 45. Ces hémisphères auroient pu être représentés sous la forme d'une ellipſe, dont la diſtance des deux foyers auroit été de 4 pouces 8 lignes, au lieu d'être renfermés chacun dans deux ſegmens de cercle, dont la fleche, ſur la corde qui leur eſt commune & qui ſert de méridien du milieu, eſt plus courte que cette demi-corde ou demi-axe dans le rapport indiqué ci-deſſus.

19. Mais, dira-t-on, c'eſt dans la conſtruction des cartes marines que la ſphéroïdité de la terre ſe fait plus reſſentir. Cela eſt vrai dans le calcul, & l'on eſt bien à plaindre que la main ne puiſſe pas ſe prêter pour l'exprimer aſſez ſenſiblement avec la regle & le compas. La preuve s'en tirera de *la carte de la mer méditerranée* d'une feuille, publiée en 1763, & dans laquelle l'auteur *fait entrer pour la première fois cet applatiſſement* de la terre.

Je prends ſur les latitudes croiſſantes de cette carte avec un compas à verge l'eſpace renfermé entre le 30ᵉ. & le 45ᵉ. degré de latitude; je le porte ſur la graduation des longitudes, de laquelle il remplit l'eſpace de 19 degrés de l'équateur, qui valent 1140 minutes, quoique la table inſérée dans le mémoire de l'auteur, ſuivant le ſphéroïde, indique 1135 minutes $\frac{9}{13}$, qui valent 18ᵈ. 55′. 54″, ce qui fait une erreur en excès de 4′. 6″. ou de 3899 toiſes. Suivant le calcul dans la ſphéricité, il auroit donné 1144 minutes, ce qui feroit 9′. 54″. de différence en excès ſur la totalité, d'après le calcul du ſphéroïde, ou $\frac{1}{114}$ par degrés & par lieues. Suppoſant le degré de l'équateur de 20 pouces ou de 2880 douzièmes de ligne, la carte auroit, ſelon l'hypothèſe ſphérique, 129600 douzièmes de ligne ou 75 pieds de long, & ſelon l'hypothèſe du ſphéroïde, 128743 douzièmes ou 74 pieds 6 pouces 7 douzièmes de ligne. La différence eſt de 857 douzièmes de ligne, ou de 5 pouces 11 lig. $\frac{1}{13}$. Ces 857 douzièmes de ligne, diſtribués à 45 degrés, font $\frac{12}{13}$ de ligne, leſquels diſtribués encore à 20 lieues, donnent $\frac{1}{13}$ de ligne. Le degré de longitude ſur la carte de l'auteur vaut 6 lignes

gnes $\frac{1}{3}$, ou 76 douziemes de ligne. La différence par degré feroit de $\frac{1}{4}$ de ligne, & par conféquent de $\frac{1}{48}$ de ligne par lieue. A quoi donc fe réduit l'erreur ? Il ne s'agit point ici de *retrancher témérairement* 200 toifes, ou d'*ajouter audacieufement* 320 toifes ; ces erreurs monftrueufes en plus ou en moins, diminuent confidérablement quand on les rapporte aux minutes ou aux fecondes de degré ; les premieres donnent en moins $\frac{1}{187}$ par degré, comme les fecondes donnent en plus $\frac{1}{78}$. Qui pourra jamais s'appercevoir d'une *diminution* ou d'une *augmentation de 37 toifes*, qui valent $\frac{1}{12}$ d'un degré, & $\frac{1}{179}$ de ligne par lieue de 12 lignes ? *Voudroit-on*, dit l'auteur, pag. 6. en citant M. Murdoch, *naviger fur une carte dont la longueur auroit peut-être un pouce de trop, proportionnellement à fa largeur ?* Mais quelle eft cette carte qui auroit *peut-être un pouce de trop* ? Elle n'éxigeroit pas moins qu'une longueur de 12 pieds 11 pouces, qui procureroit $\frac{1}{18}$ de ligne en excès par degré, & par conféquent $\frac{1}{7}$ de ligne par lieue. A quoi donc peuvent fe réduire *les erreurs*, auxquelles les projections de nos cartes font fujettes ? Quelles font donc *les bornes les plus étroites* dans lefquelles nous devons toujours les *refferrer* ? Il ne faut pas moins que forcer des modèles de cartes, tels que de 2880 & de 493 douzièmes de ligne au degré, pour trouver dans le degré du premier $\frac{1}{12}$ de ligne de différence, & $\frac{1}{12}$ de ligne par lieue, comme dans le fecond $\frac{1}{18}$ de ligne par degré, & $\frac{1}{7}$ de ligne par lieue. Il eft conftant que tel petit que foit le point d'une carte, il doit éxifter des différences fufceptibles d'être exprimées en nombres ; mais pourra-t-on les faire fentir au compas ? L'on peut calculer *les angles que le méridien forme avec la route qu'on doit tenir en mer fur le fphéroïde & fur la fphère ; cette inégalité des degrés*, dit-on, *ne tireroit pas tant à conféquence, quoique ces angles font de différentes valeurs.* Mais comment & pourquoi *peut-il y avoir une grande différence tant entre le chemin du vaiffeau*

D

Pag. 22. de l'écrit cité.

Analyfe, pag. 11

Pag. 29.

qui *fait voile fur la fphère, & celui qui navigue fur le fphé-roïde, que dans le rumb en ligne droite entre l'un & l'autre de ces lieux ?* Ce feroit à l'auteur à le faire fentir, non à l'efprit, mais aux yeux, par le fecours du compas ; puif-qu'il *ne s'agit dans les deux hypothèfes que d'exprimer par lignes un rapport donné par nombres.*

Page 23.

20. Je m'abftiendrai d'entrer dans l'éxamen des ou-vrages géographiques, où l'auteur auroit pu faire fen-tir plus facilement que dans fa carte de la Méditerranée l'applatiffement de la terre ; mon intention n'eft point de critiquer, & ce feroit m'écarter du fujet que je me fuis propofé ; je ne cherche qu'à m'éclairer. Un autre objet qui m'y fait rentrer, & qui m'a paru plus intéreffant, va terminer ce mémoire. C'eft un effai de projection du fphéroïde pour lequel je conferve toujours le rapport des deux axes de l'ellipfe qui le coupe par les poles de 187 à 186, ou de 6561741 à 6526562 en toifes, la diffé-rence qui fe trouve entre ces deux axes étant de 35179. équivaut à peu près à 15 lieues $\frac{1}{2}$ de 25 au degré de moins fur l'axe qui paffe par les poles.

Il fera aifé de juger qu'il n'y a point dans la projec-tion du fphéroïde de difficultés capables de détourner le géographe d'en faire ufage, puifque tout peut s'y ramener aux connoiffances de la géométrie ordinaire, mais que ce n'eft que le peu de différence des deux axes qui lui aura paru ne point mériter la peine de confumer un temps confidérable à compofer des calculs dont les réfultats font infenfibles dans l'emploi qu'il voudroit en faire.

21. Suppofant donc l'ellipfe régulière, & ayant cal-culé la diftance des deux foyers, je la trouve de 19 lignes en prenant le rapport de 187 à 186 pour des lignes, & l'ayant même réduit en douzièmes de ligne. Je fuppofe encore que l'on ait à tracer cet ellipfe pour un globe de 6 pieds de diamètre réduits en lignes, felon

le même rapport, c'est-à-dire, de 864 à 859, la distance du centre aux foyers se trouvera de 3 pouces 10
lignes, ce qui fait à peu près la 19ᵉ. partie du grand axe.
Il ne s'agit que de déterminer tous les points de cette
ellipse dont la révolution sur le petit axe donne la
figure du sphéroïde. Il n'y aura point de difficulté pour
trouver les analogies qui entrent dans la projection de
ce globe, soit sur le plan de l'équateur, soit sur celui
d'un méridien; mais il n'en sera pas de même pour un
horizon quelconque.

1°. Les rayons des parallèles que l'on connoît par le
moyen de la valeur de leurs degrés, se projetteront sur
l'équateur, l'œil étant placé à un des poles, en disant : *la
grande abcise* $2b - x$ *du petit axe*, ou *la somme* $b + x$ *du petit
demi-axe & de la distance du parallèle à l'équateur, est au petit
demi-axe* b, *comme le rayon* y *du parallèle à projetter est à un
quatrième terme, qui est le rayon projetté ;* c'est-à-dire

$$b + x : b :: y : \frac{by}{b+x}.$$ Les méridiens se projetteront par les rayons

mêmes de l'équateur, qui en font les communes sections.
Cette distance du parallèle à l'équateur, qui dans la sphéricité est le sinus de la latitude, devient dans le sphéroïde applati·une ordonnée au grand axe ou diamêtre de
l'équateur, & se détermine en disant : *le quarré du grand
demi-axe* a *est au quarré du petit demi-axe* b, *comme le pro-
duit des deux abcises du grand axe* $\overline{a+y} \times \overline{a-y}$ *est au quarré de cette ordonnée;* ou $a^2 : b^2 :: a^2 - y^2 : \dfrac{a^2 b^2 - b^2 y^2}{a^2} =$

$b^2 - \dfrac{b^2 y^2}{a^2}$. La valeur de cette ordonnée sera la racine quar-

rée de ce 4ᵉ. terme $= \sqrt{\dfrac{b^2 - b^2 y^2}{a^2}}$.

2°. Pour le globe coupé par le méridien elliptique,
l'œil étant dans le grand axe qui est dans le plan & le
diamêtre de l'équateur, les distances projettées des paral-

lèles à l'équateur fur le méridien du milieu , fe détermi-
neront en difant : *la grande abcife* ou *la fomme du grand
demi-axe & du rayon du parallèle* ($a + y$) , *eft à la diftance
de ce parallèle au grand axe* , (laquelle diftance devient
ordonnée ⨪ à ce grand axe) *comme le grand demi-axe a eft
à un quatrieme terme* , qui feroit $\dfrac{az}{a+y}$, diftance requife
entre le centre de l'hémifphère & ce parallèle à projetter. Mais comme ces parallèles doivent fe proietter par
des portions d'ellipfes *, il s'agit d'en trouver les axes :
en difant, *la différence* ($a - y$) *du grand demi-axe au rayon* (y)
du parallèle , eft à la diftance (z) $= \sqrt{b^2 - \dfrac{b^2 y^2}{a^2}}$ *de ce parallèle
à ce grand axe , comme ce grand demi-axe* (a) *eft à un* 4e.
terme $\dfrac{az}{a-y}$; duquel, ôtant la diftance $\dfrac{az}{a+y}$, trouvée ci-
deffus, du centre au parallèle, le refte $\dfrac{2ayz}{a^2-y^2}$ fera le petit axe de l'ellipfe qui projette ce parallèle. Suppofons
cette quantité $\dfrac{2ayz}{a^2-y^2} = 2\beta$; l'on aura le grand axe, en difant, *le produit des* 2 *abcifes du petit axe de cette ellipfe,* (la pe-
tite abcife eft $\dfrac{yz}{a+y}$, que je fais égale à χ) $\overline{2\beta - \chi} \times \chi$, ou

---

* La fefrom par l'axe du cône de rayons vifuels d'un parallèle , eft com-
pofée 1°. d'un rayon vifuel A C , (ces lettres ne fervent qu'à fixer l'imagination) qui eft la corde du méridien elliptique compris entre le parallèle & l'équateur ; 2°. d'un fecond rayon vifuel A B, qui aboutit à l'autre
extrêmité du diametre de ce parallèle, dont le cercle fait la bafe du cône ;
ce qui donne un triangle par l'axe indiqué A C B.
    Le rayon vifuel A B coupe l'axe du globe en un point E , & l'autre
rayon A C prolongé rencontre cet axe prolongé en un point F ; le triangle par l'axe feroit A E F. Si ce cône étoit coupé anti-parallélement par
le plan du méridien, l'on auroit A C : B C :: A E : E F ; mais en ap-
pliquant les quantités analytiques, l'on ne trouve point d'égalité entre le
produit des extrêmes & le produit des moyens : donc le parallèle, qui eft
un cercle, doit fe projetter en ellipfe.

$2\beta\chi - \chi'$ *est au quarré* y y *de son ordonnée*, qui est le rayon du parallèle, *comme le quarré* β^2 *du petit demi-axe de cette ellipse, est au quarré du grand demi-axe* $\dfrac{\beta^2 \, \gamma^2}{2\beta\chi - \chi^2}$, dont la racine quarrée sera le grand demi-axe.

3°. Les méridiens du globe, qui de leur nature sont elliptiques, ne pourront être projettés que par des portions d'ellipses dont les grands axes seront dans le plan de l'équateur, & dont l'axe du globe sera pour chacune une double ordonnée commune; ainsi il s'agit de trouver leur demi grand axe, en disant: 1°. *La somme du grand demi-axe du sphéroide*, ou rayon de l'équateur, & *du sinus de l'angle fait par le méridien à projetter & le plan de projection, est au co-sinus de cet angle, comme le grand demi-axe du sphéroide est à un quatrième terme*, qui donne la distance du centre de l'hémisphère au point projetté du méridien, par lequel & par les deux poles il faut faire passer une portion d'ellipse, dont cette distance fait partie de son grand axe. 2°. Pour trouver l'autre partie de ce grand axe, il faut dire: *la différence du grand demi-axe* ou *rayon de l'équateur au sinus de l'angle que le méridien à projetter fait avec le plan de projection*, ou bien *le co-sinus verse de cet angle est au co-sinus de cet angle, comme ce grand demi-axe* ou *rayon de l'équateur est à un quatrième terme*, qui, ajouté à la partie trouvée ci-dessus, donne le grand axe de l'ellipse à tracer.

24. Quant à la projection du globe pour un horizon quelconque, il est à remarquer que le principal rayon visuel qui joint le zénith & le nadir en passant par le centre du globe, seroit incliné au plan de projection parallèle à l'horizon. Les rayons visuels qui projetteroient les parallèles formeroient aussi des cônes qui étant tous coupés par le plan de projection obliquement & non anti parallèlement à leurs bases, procureroient pour les sections de ces cônes des ellipses dont les grands axes

feroient perpendiculaires au méridien du milieu de l'hémifphère, & les petits axes fe trouveroient fur ce méridien même, ou fur l'axe prolongé du globe. D'où l'on
voit que la remarque faite au fujet de la projection de
la carte d'Europe, citée N°. 12, eft fondée, favoir, que
le 70 parallèle, comme les autres, ne doit pas être circulaire dans le fphéroïde comme dans le globe fphérique, mais elliptique, & que le rayon indiqué de 10485
lignes ne pourroit être que la diftance du centre de cette
ellipfe au point du parallèle projetté fur le méridien ou
le petit demi-axe, le grand demi-axe devant être dans
le plan de l'horizon & perpendiculaire à ce méridien.

Mais ce rayon ne feroit-il pas plutôt le rayon de courbure, qui pour-lors feroit le plus grand de tous; celui
qui répondroit à l'arc qui paffe par le grand axe étant
le plus petit; puifque N°. 15. pour le petit axe b, $r =$
$\frac{a^2}{b}$, & pour le grand axe a, $r = \frac{b^2}{a}$, limites des rayons de
courbure dans l'ellipfe? Je fais cette obfervation, parce
que l'auteur (pag. 16.) dit que *les rayons de courbure font
bien différens* dans le fphéroïde, *de ce qu'ils feroient en fup-
pofant* la terre *fphérique*. J'ai trouvé que pour une ellipfe
dont les axes font dans le rapport de 186 à 187, le rayon
de courbure pour le petit axe eft de $94\frac{1}{4}$, & pour le
grand axe de $92\frac{1}{2}$. La différence $1\frac{1}{4}$ eft la fomme des
excès de ces rayons, qui font croître les degrés du quart
de l'ellipfe dans le rapport de leur longueur.

Pour tracer l'arc elliptique qui projette un parallèle,
il faut déterminer le grand axe de cette ellipfe; or l'on
connoît le petit demi-axe, l'abcife, & l'ordonnée au petit axe ou la moitié de la corde qui doit foutendre l'arc
elliptique; ainfi l'on dira: *le produit des deux abcifes du
petit axe eft au quarré de cette ordonnée*, ou demi-corde de
l'arc à projetter, comme *le quarré du petit demi-axe de l'ellipfe, eft au quarré du grand demi-axe*, dont la racine donnera

la longueur, & lequel divifé par le petit demi-axe donnera le rayon de courbure du petit axe, qui coupe le méridien du milieu de la carte.

25. Il n'y a que les fituations fous l'équateur & fous les
poles, dans lefquelles la ligne qui, joignant le zénith
& le nadir, paffe par le centre, feroit perpendiculaire
à l'horizon. Dans toute autre fituation, quoique tout
diamêtre coupe une ellipfe en deux parties égales, la
partie du méridien ou de la demi-ellipfe, comprife entre
l'horizon & le zénith en paffant par le pole eft plus grande
que l'autre partie comprife entre le zénith & l'horizon; la
verticale qui tombe du zénith fur le diamêtre de l'horizon
fe trouve éloignée du centre d'un côté, de même que la
verticale du nadir s'en trouve autant éloignée de l'autre
côté; d'où l'on voit que l'axe de l'horizon qui paffe par
le centre du globe eft oblique à l'horizon même, &
devient un diamêtre de cette ellipfe, comme la fection
de l'horizon & du méridien devient fon diamêtre conjugué. Cette verticale eft plus grande ou plus petite autant qu'elle s'approche de l'équateur, ou qu'elle s'en
éloigne, de forte que le petit demi-axe du globe & le
rayon de l'équateur font fes limites. Il ne feroit point difficile de déterminer la diftance de cette verticale à l'axe
oblique, puifqu'elle forme le côté d'un triangle rectan-
gle dont l'hypothénufe eft le demi-axe oblique, & l'autre côté eft la verticale même. L'angle formé au centre par ce diamêtre oblique eft le fupplément de celui
que la tangente fait au point du zénith ou du nadir avec
cet axe oblique. Toutes ces lignes & tous ces angles fe
connoiffent par la nature de l'ellipfe dont les axes font
déterminés, & par la valeur des diamêtres des parallèles
à l'équateur.

26. Je ne m'étendrai pas davantage fur ce que pourroit éxiger une matière qu'il me fuffit d'avoir indiquée.
Il ne faut que réfléchir fur les calculs qu'éxige la pro-

jection fphérique, dans laquelle cependant il règne une proportion conftante entre les objets à projetter & les efpaces qu'ils doivent occuper dans la projection, pour être convaincu des difficultés qui fe rencontrent dans la projection d'un fphéroïde pour un horizon particulier où cette proportion, quoique toujours éxiftante, ne peut fe déterminer que par des moyens laborieux. Il ne doit être queftion de formule générale qu'autant qu'elle fe déduit de la nature du fphéroïde, comme les formules que l'on tire de la fphéricité. De plus, il n'y a point de difficulté à trouver ces formules quelconques ; mais tout le travail confifte dans l'application que l'on en veut faire. Il faut bien étudier la coupe d'un fphéroïde par un méridien pour un horizon quelconque, & l'on reconnoîtra que fi la diftance entre l'axe oblique de l'horizon & la verticale devenoit nulle, le fphéroïde reprendroit la forme fphérique, & les efpaces projettés s'exprimeroient par les tangentes de la moitié des arcs compris par les rayons vifuels ; mais cette diftance change la nature des triangles & les rend diffemblables ; d'où l'on voit, comme je l'ai fait remarquer No. 14 & 23, que les parallèles doivent fe projetter en ellipfes, & que par conféquent la formule de l'auteur de l'écrit, telle générale qu'il la fuppofe pour s'appliquer à *notre planète* confidérée comme *fphère* ou comme *ellipfoïde allongé* ou *applati*, éxige un travail dont le réfultat, pour la précifion, fait voir qu'on a employé beaucoup de temps affez inutilement.

Pag. 16.

27. Il ne me refte plus qu'à conclure de toutes les obfervations qui font l'objet de ce mémoire, que l'on ne peut tirer, pour la perfection de la géographie, aucun avantage des projections calculées fuivant la figure du fphéroïde applati, & qu'il eft bien plus expédient d'employer le développement pour la partie du globe que l'on veut repréfenter. Le détail dans lequel je fuis entré pour la

conftruction

construction d'une carte à très-grand point, No. 10, &
par lequel il est démontré que la différence entre la
sphéroidité & la sphéricité du globe, n'est point capable d'altérer aucunement la précision que l'on doit éxiger de la part du géographe ; ce détail , dis-je , porte
avec lui une évidence à laquelle on ne peut se refuser. Si
l'auteur de *l'écrit cité , & de la carte de la Méditerranée ,*
après avoir discuté sous quel rapport il prendroit les
deux axes du globe , ayant adopté celui de 254 à 253,
prétend que l'influence de l'applatissement est sensible
sur les cartes, & qu'il y a eu égard dans les siennes,
n'auroit-elle pas dû se trouver encore plus sensible , en
adoptant le rapport de 187 à 186, qui est plus fort
que le précédent? L'on a cependant pu remarquer que
cette différence en longitude & en latitude n'étoit point
de nature à altérer la précision que la construction des
cartes éxige.

   28. Je ne dirai jamais qu'il est *dangereux & impossible*   Pag. 23.
d'avoir égard à l'applatissement de la terre dans la géographie.
Où pourroient se trouver ce danger & cette impossibilité ?
Cherchons-y l'utilité. L'on doit toujours tendre par le
calcul à la plus grande approximation. Je ne soutiendrai
pas qu'il y ait *dans le sphéroïde des grandeurs rébelles qui ne*
voudroient pas se laisser mesurer ; tandis que dans la sphère,   Pag. 23.
des grandeurs analogues , mais dociles , viendroient comme
se tracer exactement dans une projection. Mais quand il a
été démontré, Nº. 10, que sur une hauteur de 18 pieds
9 pouces, ou de 32400 douzièmes de ligne pour 9 degrés de latitude, il ne faut ajouter que 42 douzièmes de
ligne, ou 42 secondes, qui équivalent, Nº. 10, sur le
tout à $\frac{42}{144}$, ou presqu'un tiers ou $\frac{2}{7}$ de lieue, & dans la
distribution $\frac{1}{64}$ de ligne par lieue de 25 au degré ; qu'en
résulte-t-il , sinon, que pour l'éxactitude de la géographie , il n'importe quelle hypothèse on veuille suivre,
quand on voit que l'erreur ne pourroit se faire en plus

E

que d'environ $\frac{1}{400}$, & en moins que $\frac{1}{3600}$ par lieue ? Il feroit bien à fouhaiter que dans l'hypothèfe ordinaire de la fphéricité, on pût dans les calculs ne pas fe tromper davantage en plus ou en moins. Pourroit-on affurer que l'on a évité cette erreur, quand on auroit même tracé cette carte fur le cuivre, pour fe garantir de celles que le calque du deffein pourroit occafionner ? Je crois au contraire, & je fuis même perfuadé, que l'on évitera plus fûrement cette erreur du rétréciffement du papier, en calquant fur le cuivre le deffein que je fuppofe avoir été fait avec toute la précifion poffible, fi l'on a l'attention de frotter avec la dent de loup ou le bruniffoir fur le dos de ce deffein appliqué fur le cuivre enduit de cire ; fi l'on frotte, diş-je, dans le fens de la plus grande longueur. Il n'en eft pas en effet de la taille-douce comme de la gravure en bois ou des caractères de librairie ; la preffion verticale fuffit pour la dernière, & ne caufe au papier qu'une dilatation générale & de tout fens ; au lieu que pour la première, la preffe eft une efpèce de laminoir, qui, preffant fucceffivement fur toutes les parties du papier que l'on fait gliffer entre les deux rouleaux, ne peut qu'allonger la feuille d'un fens, fans augmenter fon étendue de l'autre : d'où il réfulte que jamais cette feuille ne peut, en féchant, fe réduire à la longueur qu'elle avoit primitivement.

Il y auroit un moyen très-fimple d'obvier à tous ces inconvéniens, & de fatisfaire le public, qui ne peut pas, même à l'aide du compas, fe convaincre fi l'on a eu égard à l'applatiffement du fphéroïde. Ce feroit d'indiquer fur la carte la valeur que le degré de latitude & celui du parallèle doivent avoir, fuivant l'hypothèfe que l'on auroit adoptée. L'on feroit prévenu, par exemple, que dans une carte d'Europe de 8 pieds de haut, l'efpace de cinq degrés du 55ᵉ. parallèle de 7 pouces 10 lignes 9 douzièmes, doit être plus fort de $\frac{5}{12}$ de ligne que dans le sphérique ; ce qui donne $\frac{1}{114}$ de ligne par lieue : de même qu'il doit y avoir $\frac{1}{3}$ de ligne de plus dans l'espace du méridien compris entre le 50 & le 55e. degré, lequel tiers de ligne répandu sur 100 lieues, donne par lieue $\frac{1}{100}$ de ligne : le tout d'après l'hypothèse de la puissance $3\frac{1}{2}$.

29. Si l'on suppose donc la terre sphérique, *on ne court risque*, dit l'auteur que j'ai cité, *de se tromper que d'une assez petite quantité. Mais il n'est pas moins vrai ; ajoute-t-il, que cette petite quantité elle-même peut avoir des suites fâcheuses* ; quand ce ne seroit sans doute que *cette diminution de 37 toises* sur un degré, qui équivalent, N°. 19, à $\frac{1}{1342}$ par degré, & à $\frac{1}{119}$ de ligne par lieue d'un pouce : *enforte qu'il n'est point de raisons solides qui puissent autoriser à la négliger.* On auroit tort sûrement de la négliger dans le calcul : le tout consiste à la faire sentir dans l'emploi physique. Cette erreur est d'une assez petite quantité. Il faut donc un très-grand travail pour éviter cette très-petite erreur. Mais ce travail doit se faire sans *donner*, comme le voudroit cet auteur, *aux mesures la moindre atteinte possible, comme en faisant des corrections proportionnelles à l'amplitude des arcs.* Il ne faut pas se trouver *contraint de diminuer un peu le premier degré de latitude, & obligé, dans un autre cas au contraire, de rendre ce premier degré un peu plus grand que les opérations ne l'ont donné, & par ce moyen augmenter de 7 toises* (ou de $\frac{1}{7142}$) *le degré du cap.* Ne seroit-ce pas, comme a fait cet auteur, agir contradictoirement, & ajouter gratuitement aux travaux des savans géomètres & physiciens qui, dans cette matière, doivent être nos guides ? A eux seuls il appartient de corriger leurs opérations & leurs calculs. *Autant la théorie & les mesures actuelles s'accordent*, dit M. de la Condamine, *à faire de la terre un sphéroïde applati vers les poles, autant différent-elles entre elles sur la quantité de son applatissement.* Cette différence

Pag. 5.

E ij

varie depuis $\frac{1}{131}$ jusqu'à $\frac{1}{303}$. Il faut convenir que notre globe eft applati vers fes poles ; mais on peut dire avec ce favant académicien, *que les hypothèfes propofées fur la figure de la terre font ou purement géométriques, ou abfolument gratuites, ou font trop de violence aux obfervations en cherchant à les accorder.* Autrement, *c'eft prendre l'effor dans la fphère des probabilités, & foumettre également le réel & l'intelligible aux démonftrations mathématiques.*

M. d'Anville, qui, dans le temps qu'il publia fa propofition fur la figure de la terre en 1735, jouiffoit déja d'une réputation bien méritée par les ouvrages qu'il avoit donnés au public, penfe « que ce ne fera point bleffer ni l'éxactitude requife dans l'étude & dans la compofition de la géographie, ni la confidération due aux auteurs du fphéroïde applati, de dire que la délicateffe de ce fyftême n'a pas dû frapper affez confidérablement les géographes pour les troubler dans leur travail, & les affujettir dans leurs cartes à quelque diftinction de deux différens diamêtres de la terre. Que l'hypothèfe du fphéroïde oblong, en conféquence de l'inégalité des degrés fur le méridien, a fans doute quelque chofe de plus fenfible. Cependant, continue-t-il, fi l'on y prend garde, la plus grande difproportion ou différence dans l'étendue des degrés qui tombe fur les deux extrêmités vers l'équateur d'un côté, & vers un pole de l'autre, ne paroît regarder que des contrées, fur lefquelles une certaine précifion dans les ouvrages de géographie n'eft guères praticable, ni requife, & ne feroit pas trop fenfible. Cette confidération peut mettre une forte d'indifférence dans l'efprit d'un géographe, fur l'inégalité des degrés de latitude & l'hypothèfe qui en réfulte. Il femble qu'il faille quelque chofe de plus confidérable, pour que la géographie s'en apperçoive, & veuille fouffrir du changement».

Ne cherchons donc point à éblouir les yeux du public par un appareil de calculs , qui , fuppofé qu'on
les ait faits , n'ajoutent rien à la précifion graphique.
Trop judicieux pour éxiger dans la pratique cette précifion que la théorie nous préfente , & à l'emploi de
laquelle nos organes fe refufent , refpectons-le en ne lui
préfentant que des ouvrages dont l'utilité fe faffe plus
fentir par elle-même , que par des raffinemens qui tiennent
trop du minutieux. Il faura toujours avoir égard à nos
efforts , & affurer à nos productions l'eftime qu'elles
méritent.

F I N.

APPROBATION DU CENSEUR ROYAL.

J'Ai lu, par l'ordre de Monseigneur le Garde des Sceaux, un manuscrit qui a pour titre : *Mémoire sur la question de géographie, si l'applatissement de la terre peut être rendu sensible sur les cartes, & si les géographes peuvent le négliger, sans être taxés d'inexactitude ?* Quoique cette question ne soit point absolument nouvelle, M. de Vaugondy la présente avec des développemens très-palpables, & il la résout d'une manière si satisfaisante, que l'Académie des Sciences, toute intéressée qu'elle y est, a cru devoir lui accorder son suffrage & son approbation. A Paris, ce 17 Septembre 1775.

L'Abbé DE LA CHAPELLE.

PRIVILÉGE DU ROI.

LOUIS, par la grace de Dieu, Roi de France et de Navarre. A nos amés & feaux Conseillers, les Gens tenans nos Cours de Parlement, Maîtres des Requêtes ordinaires de notre Hôtel, Grand Conseil, Prévôt de Paris, Baillifs, Sénéchaux, leurs Lieutenans Civils, & autres nos Justiciers qu'il appartiendra : SALUT, notre amé le Sieur ROBERT DE VAUGONDY, notre Géographe & Censeur Royal, nous a fait exposer qu'il desireroit faire imprimer & donner au public un Ouvrage intitulé : *Mémoire sur une question de Géographie-pratique* : s'il nous plaisoit lui accorder nos Lettres de Permission pour ce nécessaires. A CES CAUSES, voulant favorablement traiter l'Exposant, Nous lui avons permis & permettons par ces Présentes, de faire imprimer ledit Ouvrage autant de fois que bon lui semblera, & de le faire vendre & débiter par tout notre Royaume pendant le tems de trois années consécutives, à compter du jour de la date des Présentes. FAISONS défenses à tous Imprimeurs, Libraires, & autres personnes, de quelque qualité & condition qu'elles soient, d'en introduire d'impression étrangere dans aucun lieu de notre obéissance : A LA CHARGE que ces Présentes seront enregistrées tout au long sur le Registre de la Communauté des Imprimeurs & Libraires de Paris, dans trois mois de la date d'icelles ; que l'impression dudit Ouvrage sera faite dans notre Royaume, & non ailleurs, en bon papier & beaux caracteres ; que l'Impétrant se confor-

mera en tout aux Réglemens de la Librairie , & notamment à celui du 10 Avril
1725 , à peine de déchéance de la présente Permission ; qu'avant de l'exposer
en vente , le Manuscrit qui aura servi de copie à l'impression dudit Ouvrage ,
sera remis dans le même état où l'Approbation y aura été donnée , ès mains de
notre très-cher & féal Chevalier , Garde des Sceaux de France , le sieur HUE
DE MIROMENIL ; qu'il en sera ensuite remis deux Exemplaires dans notre Bi-
bliothéque publique ; un dans celle de notre Château du Louvre , un dans celle de
notre très-cher & féal Chevalier , Chancelier de France , le sieur DE MAUPEOU ,
& un dans celle dudit sieur HUE DE MIROMENIL : le tout à peine de nullité des
Présentes ; DU CONTENU desquelles vous MANDONS & enjoignons de faire jouir
ledit Exposant & ses ayans causes , pleinement & paisiblement , sans souffrir
qu'il leur soit fait aucun trouble ou empêchement. VOULONS qu'à la copie
des Présentes , qui sera imprimée tout au long , au commencement ou à la fin
dudit Ouvrage , foi soit ajoutée comme à l'original. COMMANDONS au premier
notre Huissier ou Sergent sur ce requis , de faire pour l'exécution d'icelles ,
tous actes requis & nécessaires , sans demander autre permission , & nonobstant
clameur de Haro , Charte normande , & Lettres à ce contraires ; Car tel est
notre plaisir. DONNÉ à Fontainebleau , le dix-neuvieme jour du mois d'Octobre ,
l'an de grace mil sept cent soixante-quinze , & de notre Regne le deuxième.

PAR LE ROI EN SON CONSEIL,

Signé, LEBEGUE.

*Régistré sur le Registre XX de la Chambre Royale & Syndicale des Libraires
& Imprimeurs de Paris, n°. 318. fol. 35. conformément au Réglement de 1723 ,
qui fait défenses, article IV , à toutes personnes de quelque qualité & condition qu'elles soient, autres que les Libraires & Imprimeurs, de vendre , débiter ,
faire afficher aucuns livres, pour les vendre en leurs noms , soit qu'ils s'en di-
sent les Auteurs, ou autrement, & à la charge de fournir à la susdite Chambre
huit exemplaires , prescrits par l'article 108 du même Réglement. A Paris ce 24
Octobre 1775.*

SAILLANT , Syndic.

ERRATA.

PAg. 30, lig. 23, 94 $\frac{1}{4}$, *lisez* 94 $\frac{171}{172}$.

lig. 24, 92 $\frac{1}{2}$, *lis.* 92 $\frac{164}{187}$.

Idem. 1 $\frac{3}{4}$, *lis.* 1 $\frac{1}{8}$.